滝田美智子のラクうま雑穀ごはん

滝 田 美 智 子

講談社+α文庫

はじめに

私が雑穀というものを意識し出したのは、中学校に通い始めた頃のことです。

私の母は自然食研究家でした。料理好きでしたから、自然食にかかわる以前は朝から父にお肉料理を作るなど、それは熱心に料理を作っておりました。

けれども、そのうち父が糖尿病になり、母自身も肥満気味になるにつれて、よりよい食事とは何かを求めて自然食にたどり着いたようです。

私がもの心ついた時からわが家の食卓に白米のご飯はなく、主食は、分搗《ぶづ》き米と麦やあわ、大豆など五穀が入ったご飯でした。

給食があった小学校時代とは違い、中学校に入るとお弁当が始まりましたが、母が作るお弁当は雑穀入りのつぶつぶが目立つご飯と、地味な色合いの昔風な野菜のおかずです。一方、お友達のお弁当は色も華やかでおしゃれなお弁当……。

私は、自分のこの地味なお弁当が何とも恥ずかしく、お弁当の時間になるととても気《き》後《おく》れしていたものです。

私自身が料理研究家として料理の提案をする立場になった今は、昔の苦い経験から、この雑穀たちを少しでもおしゃれに変身させたいと思うようになりました。

「雑穀」とは主食に使われる穀類（米、小麦、とうもろこし）以外の穀物を指します。そのなかでもこの本では、一番使いやすいあわ、きび、ひえを中心に、たかきび、押し麦、そば米、赤米、黒米、キヌア、アマランサスの料理法を紹介しています。また主食ではありますが、玄米、発芽玄米の楽しい料理法も一部、ご紹介しました。

雑穀はそれほど主張しない素材なので、ほかの素材と組み合わせてもよく調和し、料理によっては思いがけない新しい発見があります。和風料理はもちろん、洋風にも、中華風、エスニック風にも仕上げられ、それはまるでパズルを解いているように、ワクワクさせられる経験です。そのうえ雑穀は、白米にはない豊富なミネラルやビタミン、食物繊維などに恵まれています。アレルギー体質の改善に役立つなど、種類によっては、私たちの健康によい機能を持つことも知られて注目を浴びています。

以前は自然食の店や特別なルートでしか手に入らないものでしたが、最近では人気もあってデパートやスーパー、一部のお米屋さんでも手に入るようになりました。それだけ、人々が〝健康によい食生活〟を意識するようになったのだと思います。現在の日本の食生活は栄養のためにと、あれもこれも食べた時代とはうって変わって、摂り過ぎないように引き算をする時代になりました。

雑穀は小さくてもそれ自体に芽がある植物で、１粒から２０００個以上の実がなるパワーを持っていますから、これからの時代の食生活にぴったりの素材です。

このたび、５年前に出版された本が文庫本としてリメイクされることになり、雑穀のことを知らなかった方や、雑穀が体にいいことはわかっていても料理法を知らないという方々に、雑穀の魅力をあらためてお伝えでき、とてもうれしく思っています。スープに、サラダに、メインディッシュに、デザートに、いろいろと試していただきたいと思います。

２００８年４月

滝田《たきた》美智子《みちこ》

◎目次

2章　おいしい雑穀ご飯が簡単に

4章　雑穀で美白サラダ

5章　体がよろこぶ雑穀デザート

6章　雑穀でつくるたれ＆ドレッシング

本書のきまり

◎計量の単位は、カップ１が200cc（mℓ）、大さじ１が15cc（mℓ）、小さじ１が５cc（mℓ）です。
◎表記が米カップとあるものは、炊飯器付属のカップ（180cc）です。
◎調理に使用する砂糖や塩は、できれば精製されていないものを使ってください。
◎レシピ下にある★印は代替え用の雑穀です。雑穀によって、ゆで時間を調整してください。

滝田美智子のラクうま雑穀ごはん

雑穀でおいしく健康生活はじめましょう

健康維持に役立ち、生活習慣病予防効果もあると近年注目を集めている雑穀ですが、「どうやって炊くのかわからない」という声をよく聞きます。そんな雑穀初心者も安心！　ここでは、雑穀の洗い方、炊き方など、扱い方の基本をお教えします。

まずは、本書で使っている雑穀の種類を、簡単にご説明します。

いろいろな雑穀

イネ科の雑穀

【あわ】　粘りの少ない「うるちあわ」、粘りのある「もちあわ」がある。ミネラルやビタミンB群が豊富。

【ひえ】　粘りのないさっぱりとした食感。食物繊維は白米の約8倍もある。アレルギー改善によいとされる。

【きび】　「うるちきび」もあるが、日本では、餅やだんごにする「もちきび」が多く使われる。ミネラル類のバランスがよく、アレルギー体質を改善する成分を含む。

【たかきび】　かたいので水に充分に浸して炊くと、粘りのあるご飯になる。ひき肉の代わりにも使われる。

【押し麦】　大麦を蒸してつぶしたもので消化がよい。麦めしは、それだけで、または白米に混ぜて炊いたご飯のこと。食物繊維は雑穀のなかで一番多い。

その他の雑穀・米

【キヌア】アミノ酸バランスのよい良質のたんぱく質や鉄分、カルシウム、食物繊維が豊富。白米に混ぜて炊くほか、お好み焼きなどに。

【アマランサス】雑穀のなかで最も小粒。カルシウムが白米の約30倍あり、ミネラル含有量は飛びぬけて多い。粥やオムレツの具に。

【そば米】そば殻を除いた実。良質のたんぱく質やミネラル、ビタミンB群、血管を丈夫にするルチンも多く含まれる。汁の実、サラダに。

【赤米】古くから食べられてきた古代米。種皮の赤い色素にはポリフェノールが含まれる。たんぱく質、ミネラル、各種ビタミンも含んでいる。

【黒米】紫米とも呼ばれ、種皮の黒い色素にはポリフェノールが含まれる。たんぱく質、ミネラル、ビタミン、食物繊維が多い。

【玄米】米のもみがらだけを除いたもの。胚芽が残っているので、白米に比べてミネラル、ビタミン、食物繊維が豊富である。

【発芽玄米】玄米をわずかに発芽させたもの。発芽によって酵素が活性化し、玄米よりも栄養価が増す。白米に近い柔らかさで食べやすい。

「雑穀エキスパート」って？

テレビなどでよく耳にする「雑穀エキスパート」とは、雑穀に関する知識やスキルを身につけた、プロフェッショナルな人たちのことです。日本雑穀協会が2005年に設けた資格制度は「雑穀エキスパート」「雑穀アドバイザー」「雑穀クリエイター」の３段階あり、入門編の「雑穀エキスパート」の資格取得者は現在1500人ほど。
雑穀の魅力に惹かれた方は、チャレンジしてみるのもよいですね。
問い合わせ　日本雑穀協会事務局　Tel03-3500-5461
http://www.zakkoku.jp/

雑穀の扱い方の基本

この本で紹介している雑穀の扱い方です。たかきび、赤米、黒米、そして玄米、発芽玄米は浸水時間が必要になりますので、それぞれの料理法を参照してください。

洗い方

ごく少量を洗うときは

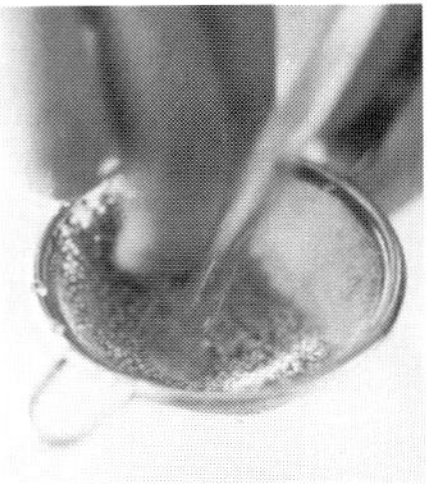

雑穀大さじ３くらいまでの量を洗う場合は、茶こしなどに入れ、流水をかけながら指先でもみ洗いをする。粒の小さい雑穀なら、目の細かい網を使うこと。

カップ½以上を洗うときは

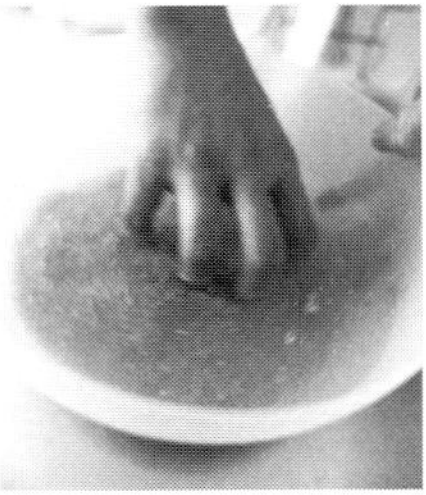

❶ボウルに雑穀を入れて水を加え、手で軽くかき回して洗う。もみがらが浮いてきたら除き、水が透明になるまで何回もかえる。この水洗いをきちんとしておかないと、炊いたときに雑味が残る。

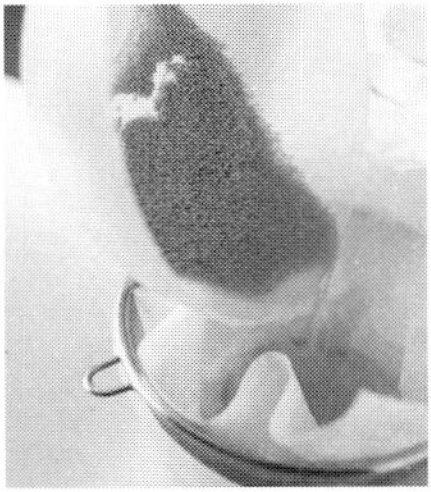

❷ざるに上げて、しっかり水けをきる。粒の小さい雑穀の場合は目の細かいざるを使うか、ざるにキッチンペーパーやふきんを敷く。

ゆで方・炊き方

ごく少量の場合はゆでる

サラダに使うなど大さじ3くらいまでは、ゆでて使う。鍋に、雑穀の10倍以上の水に塩少々を加えて沸かし、洗った雑穀を入れ、5～6分ゆでて、ざるに上げて水けをきる。

カップ½～2を厚手鍋で炊く

厚手鍋に雑穀の1.5倍くらいの水と塩少々を入れ、沸騰したら雑穀を加え、木じゃくしで混ぜながら煮る。湯が減って鍋底が見えるようになったらふたをして弱火で15分ほど炊く。火を止めて10分蒸らし全体を混ぜる。

カップ1～2なら炊飯器で炊く

炊飯器に洗った雑穀を入れ、同量の水と塩少々を加えて炊く。カップ2より多く炊きたい場合は、2回に分けて炊くとよい。カップ1以下は厚手鍋で炊く。

保存方法

たくさん炊いて冷凍保存

いろいろな料理に使ってみたい場合は、カップ2を炊いて冷めたらファスナーつきのポリ袋に平らに入れ、袋の上から筋を入れておく。これを冷凍し、使う量だけパキンと折って自然解凍するか、電子レンジで解凍する。保存期間は約2ヵ月。

買うときは少量ずつ、瓶で保存

雑穀類は長くおくと品質が落ち、特に夏は虫がわくこともある。買うときはすぐ使いきれるように200〜500gくらいずつにし、瓶に入れて保存すると使いやすい。保存期間は、袋の表示の賞味期限に従うが、約2〜4ヵ月ほど。

1章 2章 3章 4章 5章 6章

まずは
スープから
はじめよう

ひえと野菜をただ一緒に煮るだけでできる！

ひえ入りミネストローネ

初めて雑穀を使うときにおすすめなのは、スープに入れる方法です。雑穀をそのまま少量使うだけだから、ポタージュ系のスープ以外は前もってゆでる必要もなく、ただ洗ってスープ鍋に入れて煮るだけ。スープの具が増えて満腹感も増し、ダイエットにも効果的です。特にひえ入りミネストローネは、ひえのミネラルやパントテン酸に、野菜のビタミンA、ビタミンCが加わって美肌にも有効で、ビタミンB群や、貧血を救う鉄、葉酸なども含むので、食べ続けると効果あり。

＊

雑穀を洋風に煮るときは、野菜スープを使うとやさしい味になり、雑穀の魅力が生きます。瓶詰やキューブ状の野菜スープの素を使ってください。ない場合はチキンスープでも。和風なら、昆布、かつお節のだし汁を使います。

トマトの酸味が
やさしい味

作り方は次ページ

ひえ入りミネストローネ

材料（２人分）

ひえ（乾燥）……大さじ２
玉ねぎ……１個
にんじん……３㎝
かぶ……１個
セロリ……５㎝
トマト……１個
にんにく……１かけ
オリーブ油……大さじ１
野菜スープ……カップ３
白ワイン……大さじ２
ローリエ……１枚
塩、こしょう……各少々
パルメザンチーズ……適量

作り方

❶ひえはよく洗ってざるに上げる。

❷玉ねぎ、にんじん、かぶはそれぞれ皮をむき、セロリは筋を取り、ともに６〜７㎜角に切る。トマトはへたを取って皮つきのまま１㎝角に切り、にんにくはみじん切りにする（写真１）。

❸鍋にオリーブ油とにんにくを入れて弱火にかけ、よく炒めて香りが出たら（写真２）玉ねぎ、にんじん、セロリ、かぶ、トマトの順に加えて炒める。

❹③に野菜スープと白ワイン、ローリエを加えて15分くらい煮る（写真３）。

❺④にひえを加えてさらに10分くらい煮、塩、こしょうで味を調える（写真４）。

❻器に盛り、好みでオリーブ油を回し入れて、パルメザンチーズをふる。

★あわ、きび、押し麦、そば米、アマランサス、キヌア、雑穀ミックスでもＯＫ！

1ひえは洗い、材料の野菜は全部角切りにそろえる。

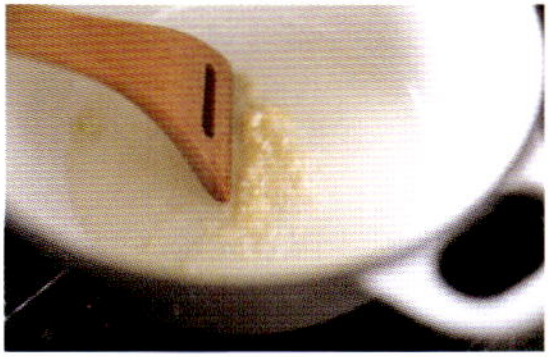

2オリーブ油とにんにくを弱火で炒め、香りを出す。

3火が通りにくい野菜の順に炒め、スープ、ワインで煮る。

4洗ったひえを加えて10分ほど煮て味を調える。

きびの豆乳スープ

材料（２人分）
きび（乾燥）……大さじ1
豆乳……カップ1
野菜スープ……カップ1
白ごまペースト（市販）……大さじ1½
塩、こしょう……各少々
いり黒ごま……少々

作り方

❶きびはきれいに洗ってざるに上げ、たっぷりの湯で５〜６分ゆでて水けをきる。

❷鍋に豆乳と野菜スープを入れ、煮立てる。

❸②に白ごまペーストを加えて塩、こしょうで味を調え、きびを加えて温める。

❹器に盛って、黒ごまをふる。

★あわ、ひえ、アマランサス、キヌアでもＯＫ！

ごまの香りが香ばしい
マイルドな味わい

いりきびの梅スープ

材料（２人分）
きび（乾燥）……大さじ２
青じそ……４枚
梅干し……２個
だし汁……カップ２½
酒……大さじ１
しょうゆ……小さじ１
塩……小さじ⅓

作り方

❶きびは洗ってふきんで水けをよくふき取る。
❷青じそはせん切りにして水にはなし、水けをきる。
❸厚手の鍋を熱してきびを入れ、中火で鍋をゆすりながら色が少し変わり、はじけるような感じになるまで、木じゃくしなどでゆっくり２〜３分からいりする。
❹③にだし汁、酒、しょうゆ、塩を加えて煮立て、弱火にして10分くらい煮る。
❺器に盛り、梅干しを入れて青じそを散らす。

★あわ、ひえ、アマランサス、キヌアでもＯＫ！

梅干し風味の
どこかなつかしい味

あわのみそスープ

材料（2人分）

あわ（乾燥）……大さじ2
大根…………4〜5cm
にんじん…………3cm
里芋…………2〜3個
ごぼう…………5cm
長ねぎの小口切り……少々
ごま油…………大さじ1
だし汁…………カップ2½
みそ…………大さじ2

作り方

❶あわはよく洗ってざるに上げる。

❷大根、にんじん、里芋はそれぞれ皮をむき、ごぼうは皮をこそげてそれぞれ1cm角に切る。

❸鍋にごま油を熱して②の野菜を入れて炒め、ごま油が全体にまわったらだし汁を加えて、野菜が柔らかくなるまで15〜20分煮る。

❹③にあわを加えて約5分煮て、みそを溶き入れる。

❺器に盛り、長ねぎの小口切りをのせる。

★ひえ、きび、押し麦、そば米、アマランサス、キヌア、雑穀ミックスでもＯＫ！

口に含むと
あわがとろとろ

押し麦とキャベツのスープ

材料（２人分）
押し麦……………………30ｇ
ベーコン………………… ２枚
玉ねぎ……………………½個
キャベツ………………… ２枚
野菜スープ…………カップ３
オリーブ油…………大さじ１
ローリエ…………………１枚
塩、こしょう…………各少々
パルメザンチーズ………少々

作り方

❶押し麦を洗って水けをきり、ベーコンは刻む。
❷玉ねぎは粗みじん切り、キャベツは３㎝角に切る。
❸鍋を熱してオリーブ油を入れ、ベーコンをカリカリに炒めて玉ねぎ、キャベツを加え、押し麦も加えて炒める。全体に油がまわったら野菜スープとローリエを加えて15〜20分煮る。最後に塩、こしょうで味を調え、パルメザンチーズをふる。

★あわ、ひえ、きび、そば米、アマランサス、キヌア、雑穀ミックスでもＯＫ！

スープにすれば
消化もアップ

きび入りにんじんポタージュ

材料（２人分）
きび（乾燥）……大さじ１⅓
にんじん……………………１本
玉ねぎ………………………½個
セロリ………………………10cm
バター………………大さじ１
野菜スープ………カップ２½
生クリーム…………大さじ２
塩、こしょう…………各少々

作り方

❶きびは洗ってざるに上げる。

❷にんじん、玉ねぎは皮をむき、セロリは筋を取り、ともに乱切りにする。

❸鍋にバターを入れて火にかけて溶かし、②の野菜を入れて炒める。さらにきびを加えて炒め、野菜スープを注いで煮立てる。沸騰したら火を弱め、野菜が柔らかくなるまで15〜20分煮る。

❹③をミキサー（またはフードプロセッサー）にかけてなめらかにし、鍋にもどして生クリームを加え、温めながら塩、こしょうで味を調える。

★あわでもＯＫ！

ミネラルとビタミンが
たっぷり入って美肌に効く

あわと玉ねぎのコンソメ

材料（２人分）
あわ（乾燥）……大さじ１
玉ねぎ…………………小２個
野菜スープ…………カップ３
ローリエ…………………１枚
ハーブ（バジル、オレガノなど好みのもの・パウダー）…………………小さじ¼
塩、こしょう…………各少々

作り方

❶あわは洗ってざるに上げる。玉ねぎは皮をむく。

❷鍋に野菜スープと玉ねぎ、ローリエ、ハーブを入れて火にかけ、沸騰したらごく弱火にして玉ねぎに竹串が通るまで、30分くらい煮る。

❸②にあわを加えてさらに５～６分煮て塩、こしょうで味を調える。

★ひえ、きび、キヌア、アマランサスでもＯＫ！

玉ねぎの甘みが
溶けだしたスープは絶品

そば米の汁

材料（2人分）

そば米…米カップ½（90cc）
だし汁……………………カップ3
しょうゆ………………大さじ1
みりん…………………小さじ1
塩………………………小さじ¼
焼きのり………………少々
練りわさび……………少々

作り方

❶そば米はざるに入れてさっと洗う。

❷鍋にだし汁、しょうゆ、みりん、塩を合わせ、そば米を入れて15分くらい煮る。食べてみて柔らかければでき上がり。

❸器に盛り、せん切りののり、わさびをのせる。

★押し麦でもＯＫ！

低脂肪で栄養満点の
超ヘルシースープ

雑穀雑学

雑穀の栄養価は高いの？

雑穀の栄養価を白米と比べてみましょう。

炭水化物を多く含んでいる点は白米も雑穀も同じですが、白米では精製の過程で失われてしまうたんぱく質、脂質、ミネラル、食物繊維などを、雑穀は多く残しています。

特に、体の調子を整えてくれるミネラルの多さが雑穀類の健康食たる所以《ゆえん》です。なかでも、そば米やアマランサスなどは、アミノ酸バランスの優れた上質なたんぱく質を多く含んでいます。

また、ひえ、そばなどに多く含まれる不飽和脂肪酸には、血中のコレステロールを低下させるはたらきがあります。白米中心の食生活では不足しがちなビタミンB群のパントテン酸も、あわやきびなどに含まれていますので、雑穀は栄養学的に見ると、白米より有利な食材といえるようです。

おいしい 雑穀ご飯が 簡単に

玄米に具を混ぜて炊くだけだから、初心者でも簡単！

玄米とアスパラのリゾット

雑穀に具を混ぜて炊くだけで簡単にできてしまうのが、炊き込みご飯や雑炊などのご飯料理。雑穀を使うと、食感と香りがあっておいしく仕上がるので、雑穀類が初めての方にもおすすめです。

もともと、雑穀を炊き込みご飯や雑炊にするという食べ方は、雑穀初心者の方がもっとも抵抗なく食べられる代表的な調理方法です。

栄養バランスに優れ、かみごたえのある雑穀は、白米と比べて少ない分量でも満腹になり、消化吸収の違いで太りにくいのです。ゆっくり消化するということは、エネルギーが持続することになり、運動をする方にも最適です。

一緒に混ぜる具材は、季節やお好みに合わせて別のものにしてもよいですし、冷蔵庫の余りものの野菜をあれこれ入れて作るのにも好都合です。

野菜スープでさっぱり
バターでこっくり

作り方は次ページ

玄米とアスパラのリゾット

材料（２人分）
玄米（炊いたもの・43ページ参照）……………………350ｇ
玉ねぎ……………………………¼個
グリーンアスパラガス…３本
バター………………大さじ１
白ワイン…………カップ½
野菜スープ…………カップ１
塩、こしょう…………各少々
パルメザンチーズ………少々

作り方
❶玄米はざるに入れて流水で洗い、ぬめりを取る。
❷玉ねぎは粗みじん切りにし、アスパラガスは根元のかたい部分を切り落として３㎝長さに切る。
❸鍋にバターを熱して玉ねぎを炒め、玉ねぎが半透明になったらアスパラガスも加えて炒める。白ワインを加えて½量になるまで煮つめる。
❹野菜スープを加え、玄米も加えてやや強火で煮つめるように煮る。塩、こしょうで味を調え、パルメザンチーズをふる。
★押し麦、そば米、発芽玄米でもＯＫ！

玄米の炊き方

1 玄米はボウルに入れて洗い、もみがらなどがあったら除き、鍋に入れる。1.4〜1.6倍の水に一晩つけて、塩小さじ¼を加える。水の量は季節や、新米か古米かで異なる。

2 鍋を火にかけて最初は強火にし、沸騰したらごく弱火で60分炊く。そのまま10〜15分蒸らし、さっくり混ぜる。玄米モードの炊飯器なら、その炊き方の指示に従って炊く。

野菜のから揚げ丼

材料（２人分）

あわ（乾燥）……………70ｇ

米………米カップ½（90cc）

れんこん…………………３cm

にんじん…………………５cm

かぼちゃ…………………⅛個

ごぼう……………………15cm

赤ピーマン………………１個

揚げ油……………………適量

たれ

- しょうゆ、みりん ………………各大さじ２
- だし汁…………大さじ２
- ゆずこしょう……小さじ½

作り方

❶あわと米は合わせて水がにごらなくなるまで洗い、普通にご飯を炊く水かげんで炊飯器で炊く。

❷たれの調味料を合わせておく。

❸れんこんとにんじんはそれぞれ皮をむいて５㎜厚さくらいの薄切りにし、かぼちゃは皮つきのまま薄切りにする。ごぼうは皮をこそげて水洗いし、薄切りにする。ピーマンはへたと種を取り、六つ割りにする。

❹揚げ油を180℃に熱して③の野菜を入れて素揚げにする。

❺④の野菜が熱いうちに②のたれにつけ、味をからませる。

❻器に①を盛って⑤の野菜を彩りよくのせ、残った⑤のたれをかける。

★ひえ、きび、押し麦、アマランサス、キヌア、雑穀ミックスでもＯＫ！

素揚げ野菜に
甘辛だれがおいしい

雑穀ミックスの炊き込みご飯

材料（3～4人分）
雑穀ミックス（乾燥）…150g
米……米カップ1（180cc）
にんじん……………………3cm
油揚げ……………………1枚
まいたけ…………………80g
しょうゆ、酒……各大さじ1
塩……………………小さじ⅓

作り方

❶雑穀ミックスと米を合わせてよく洗う。

❷にんじんは皮をむいてせん切りにする。油揚げは熱湯を回しかけて油抜きをし、短辺を半分に切ってから、5㎜幅に切る。まいたけは手で適当な大きさにちぎる。

❸炊飯器に①としょうゆ、酒、塩を加え、普通にご飯を炊く水かげんよりやや少なめにし、②を加えて炊き上げる。

メモ　炊き込みご飯は野菜から水分が出るので、やや少なめの水かげんで炊くのがコツ。

★押し麦、そば米、キヌア、アマランサスでもＯＫ！

雑穀ミックスに野菜も加わり、
おかずいらず

ひえの鶏肉煮込み

材料（2人分）

- ひえ（炊いたもの・16ページ参照）…………350〜400g
- 鶏手羽元…………………………6本
- 玉ねぎ……………………………½個
- にんにく…………………………1かけ
- ズッキーニ………………………½本
- ひよこ豆水煮（缶詰）…60g
- サラダ油……………大さじ2
- A
  - トマト水煮缶…………¾缶（300g）
  - 水………………カップ¾
  - コリアンダーパウダー………………小さじ⅓
- 塩、こしょう…………各適量

作り方

❶手羽元は塩、こしょう各少々をもみ込む。厚手の鍋にサラダ油大さじ1を熱して手羽元を入れ、軽く焦げ目がつく程度に焼いて取り出す。

❷玉ねぎは皮をむいて薄切りにし、にんにくはみじん切りにする。ズッキーニは2cm厚さの輪切りにする。

❸鍋にサラダ油大さじ1とにんにくを入れて弱火にかけてじっくり炒め、香りが出たら玉ねぎを加えて炒める。しんなりしたらズッキーニも加えて、さらに炒める。

❹③に①とひよこ豆とAを加えて中火にし、あくを取りながら30〜40分煮て塩、こしょうで味を調える。

❺炊き上がったひえに④の煮込みを盛り合わせる。

★発芽玄米、玄米でもＯＫ！

ひえとひよこ豆で
ほっくりマイルドな味わい

発芽玄米のかぼちゃご飯

材料（3～4人分）

発芽玄米
……米カップ1（180cc）

米……米カップ1（180cc）

かぼちゃ……………………100g

なす……………………………2本

青じそ…………………………4枚

サラダ油……………大さじ1

A
- しょうゆ………大さじ1
- みりん…………大さじ1
- 酒………………大さじ1

塩………………………小さじ½

作り方

❶かぼちゃは1cm角に切る。なすはへたを取って縦四つ割りにし、青じそはせん切りにして水にはなす。

❷米を洗い、発芽玄米は洗わずにそのまま米に加え、普通にご飯を炊く水かげんにして、かぼちゃと塩を加えて炊く。

❸フライパンにサラダ油を熱し、なすをしんなりするまで炒め焼きし、Aを合わせたたれに浸す。

❹かぼちゃご飯になすをのせ、残りのたれをかけて水けをきった青じそを飾る。

メモ　発芽玄米は製品によって水かげんが異なるので、袋の表示に従うこと。

★押し麦、雑穀ミックスでもOK！

かぼちゃの甘みが
発芽玄米と合う

さつま芋入りあわご飯

材料（3～4人分）
あわ（乾燥）…………150g
米……米カップ1（180cc）
さつま芋…………………150g
いり黒ごま……………少々
酒……………………大さじ2
塩……………………小さじ1

作り方

❶あわと米は合わせて、水がきれいになるまで洗う。

❷さつま芋は洗って皮つきのまま厚めのいちょう切りにし、水にさらして水けをきる。

❸炊飯器に①を入れて酒と塩を加え、普通にご飯を炊く水かげんにする。上にさつま芋をのせて炊く。

❹ご飯が炊き上がったらさっくり混ぜて器に盛り、黒ごまをふる。

★ひえ、きび、押し麦、雑穀ミックスでもOK！

ほんのり甘くて
食物繊維もたっぷり

あわのキャベツ包み

材料（2人分）
あわ（炊いたもの・16ページ参照）……200g
キャベツ……6枚
きゅうり……1本
長ねぎ……½本
大正えび（殻つき）……6尾
豚肉しゃぶしゃぶ用……100g
長ねぎ（青い部分）……1本分
しょうが……½かけ
塩……適量
たれ
- コチュジャン……大さじ1½
- しょうゆ……大さじ1
- 酢……大さじ1
- すり白ごま……大さじ1
- にんにくのすりおろし……少々

作り方

❶キャベツは芯を取って大きいものは半分に切り、ゆでて水けをきる。

❷きゅうり、長ねぎはせん切りにする。

❸えびは塩少々をふってもみ、水でよく洗い背わたを抜く。

❹長ねぎの青い部分はぶつ切りにし、しょうがは薄切りにする。

❺鍋にたっぷりの水と④の長ねぎ、しょうがを入れて煮立たせ、えびをさっとゆでて取り出し、殻をむく。同じゆで汁に豚肉も入れてゆで、水けをきる。

❻ボウルにたれの調味料を合わせる。

❼器に①、②の野菜とえび、豚肉、あわを盛り合わせる。キャベツで包みながら、たれをつけて食べる。

★ひえ、きびでもOK！

包む楽しみも味わえて
パーティーにもおすすめ

きびのエスニックご飯

材料（2人分）

きび（炊いたもの・16ページ参照）……………350〜400g
桜えび……………………大さじ3
ココナッツの細切り……………………大さじ2
カシューナッツ…………30g
バジル……………………10枚
香　菜《シャンツアイ》……………… 2〜3本
サラダ油……………小さじ1
A ナンプラー……大さじ1
A ガーリックパウダー………………小さじ½
A 七味唐辛子…………少々
塩、こしょう…………各少々

作り方

❶小鍋にサラダ油を熱して桜えびとココナッツを入れ、弱火でじっくり炒めて香りを出す。

❷Aの調味料をよく混ぜ合わせる。

❸炊いたきびに②を加えてよく混ぜる。さらに桜えび、ココナッツ、カシューナッツ、バジル、香菜の葉先をつんで加えてよく混ぜ合わせ、塩、こしょうで味を調える。

★あわ、ひえでもＯＫ！

アジアンテイストの
風味豊かな混ぜご飯

黒米の栗おこわ

材料（３～４人分）

黒米 ……米カップ½（90cc）

もち米

……米カップ1½（270cc）

焼き甘栗（市販・皮をむいたもの）……………………80ｇ

塩 ……………………小さじ½

作り方

❶黒米ともち米は合わせて洗い、水に３～４時間つけておく。

❷炊飯器に①の米と塩を入れ、同量よりやや少なめの水かげんで炊く。もち米モードがある炊飯器なら、指定の目盛りに合わせるとよい。

❸炊き上がったら甘栗をのせ、５分ほど蒸らしてさっくりと混ぜる。

★赤米、雑穀ミックスでもＯＫ！

炊いたご飯に
甘栗を混ぜるだけ

雑穀ミックスのリゾット

材料（２人分）
雑穀ミックス（乾燥）…120ｇ
きのこ類（マッシュルーム、
　エリンギ、生しいたけなど
　合わせて）…………200ｇ
玉ねぎ……………………½個
にんにく………………１かけ
オリーブ油…………大さじ２
白ワイン………………大さじ2
野菜スープ…………カップ２
塩、こしょう…………各少々
パセリのみじん切り……少々
パルメザンチーズ…大さじ２

作り方

❶雑穀ミックスはよく洗ってざるに上げる。
❷きのこ類はキッチンペーパーなどで汚れをふき取り、石づきを切り落としてそれぞれ食べやすく切る。
❸玉ねぎとにんにくは皮をむいてみじん切りにする。
❹厚手の鍋にオリーブ油とにんにくを入れて火にかけ、香りが出たら玉ねぎを加えて炒め、透き通ってきたらきのこを加えて１～２分炒める。
❺④に白ワインを入れ、アルコール分をとばしたら野菜スープを加えて煮立たせ、雑穀ミックスを加える。弱めの中火にし、混ぜながら10分ほど煮て、塩、こしょうで調味する。
❻器に盛り、パセリとパルメザンチーズをふる。

★キヌア、アマランサス、押し麦、そば米でもＯＫ！

雑穀の魅力が引き立つ
深い味わい

ひえの韓国風ピリ辛チャーハン

材料（２人分）

ひえ（炊いたもの・16ページ参照）…………350～400g

あじの干《ひ》物《もの》……………… １枚

白菜キムチ ………………60g

わけぎ ……………… ３～４本

にんにく ………………½かけ

溶き卵 ………………… ２個分

ごま油、サラダ油…各大さじ１

塩、こしょう …………各少々

一味唐辛子 ………………適宜

トッピング用白菜キムチ …少々

作り方

❶あじの干物は焼いて皮と骨を除き、粗くほぐす。

❷白菜キムチ、わけぎは２㎝長さに切り、にんにくはみじん切りにする。

❸フライパンか中華鍋にごま油、サラダ油、にんにくを入れて弱火で熱し、香りが出たら溶き卵を流し入れて大きくかき混ぜる。白菜キムチ、あじの干物、温かいひえを加えて炒め合わせ、最後にわけぎを入れて、塩、こしょうで味を調える。好みで一味唐辛子を加えてもよい。

❹器に盛り、トッピング用の白菜キムチを飾る。

★発芽玄米、玄米、雑穀ミックスでもＯＫ！

独特のさっぱり感が
クセになりそう

ひえ入りナッツずし

材料（３～４人分）

ひえ（乾燥）……………150ｇ

米……米カップ１（180cc）

干ししいたけ……５～６枚

干しえび…………………10ｇ

干しぶどう、干しあんず

……………………各15ｇ

くるみ、松の実（合わせて）

………………………50ｇ

しょうゆ、みりん…各大さじ１

すし酢

- 酢……………………90cc
- 砂糖…………大さじ１⅓
- 塩……………小さじ１½

作り方

❶ひえと米は合わせて洗い、普通にご飯を炊く水かげんにして炊飯器で炊く。

❷干ししいたけは水でもどして軸を取り、みじん切りにする。小鍋に干ししいたけと干しえびを入れ、もどし汁を加えてひたひたの水かげんにし、しょうゆ、みりんを加えて汁けがなくなるまで煮る。

❸ドライフルーツとナッツ類は粗みじん切りにする。

❹すし酢の調味料を合わせる。

❺①が炊き上がったらボウルに移してすし酢を回しかけ、しゃもじで切るように混ぜる。②、③を加えて全体に混ぜる。

★そば米、押し麦でもＯＫ！

ひえとナッツが織りなす
絶妙な歯ざわり

雑穀雑学

雑穀はダイエットに効果的？

雑穀類がダイエットにいいのは、食物繊維が豊富に含まれているためです。
食物繊維が多い食べ物は、食べごたえがあるので、食べる分量を減らす効果があり、かみごたえのある食感が脳の満腹中枢を刺激するという相乗効果により、少ない量でも満腹感が得られやすいのです。また、穀類に多く含まれている糖質の吸収を抑制するはたらきや、コレステロールを吸着して排出を促す役割もあります。

さらに雑穀類は、精白米には少ないビタミンB_1を多く含んでいます。このビタミンB_1は、体内で糖質を燃やす活動を助け、摂りすぎた糖質が脂肪として蓄積されるのを防いでくれるのです。

極端なダイエットは健康を害します。しかし、雑穀は良質な植物性たんぱく質をはじめとする様々な栄養素を含むバランスのよい優れた食品ですから、無理なく、効率よくダイエットができるわけです。

1章 2章 3章 4章 5章 6章

雑穀だって
メイン料理
になる

熱々の春巻きにヨーグルトソースが絶妙

あわの揚げ春巻き

トマト味やカレー味などハッキリした味つけにもしっくりなじむ雑穀は、前菜やスープはもとより、メイン料理でも大活躍します。

雑穀自体に良質なたんぱく質、ビタミン、ミネラルなどが含まれているので、肉料理のように栄養が偏る心配もなく、つけ合わせに気を遣う必要もありません。

また、雑穀には血液中の善玉コレステロール値を上昇させる効果があるなど、生活習慣病の予防にもなり、毎日食べても安心。炊くときは多めに炊き、冷凍保存して別の日にも使うようにすれば、調理時間も短縮されて便利です。

＊

この揚げ春巻きは、スナック感覚でいつでも手で食べられますから、ご飯のおかずだけでなく、おやつに、パーティーに、ビールのおつまみに、手軽においしく食べられる健康食です。

カレー風味で
あとを引くおいしさ

作り方は次ページ

あわの揚げ春巻き

材料（２人分）
あわ（炊いたもの・16ページ参照）……………………150ｇ
玉ねぎ……………………………70ｇ
生しいたけ……………………３個
れんこん…………………………50ｇ
春巻きの皮（市販）……４枚
香菜《シャンツァイ》のみじん切り……少々
サラダ油……………大さじ１

クミンシード………小さじ１
カレー粉……………大さじ$\frac{3}{4}$
塩、こしょう…………各少々
水溶き小麦粉……………少々
揚げ油……………………適量
ソース
- プレーンヨーグルト…50ｇ
- レモン汁…………小さじ２
- 塩、こしょう………各少々

作り方

❶玉ねぎは皮をむき、しいたけは軸を落とし、れんこんは皮をむいて、それぞれ粗みじん切りにする。

❷フライパンにサラダ油を熱してクミンシードを炒め、香りが出たら玉ねぎ、しいたけ、れんこんの順に加えて炒め、カレー粉、塩、こしょうで味を調える。ボウルに入れ、炊いたあわ、香菜を混ぜて８等分する（写真１～３）。

❸春巻きの皮を半分に切り、②を手前に細長くのせてくるくると巻き、巻き終わりは水溶き小麦粉をのりにしてとめ、左右の端にも水溶き小麦粉をつけてしっかり押さえて閉じる（写真４～６）。

❹180℃の揚げ油で表面が色づく程度に揚げ、ソースの材料を混ぜて添え、ソースをつけて食べる。

★発芽玄米、玄米、ひえ、きびでもＯＫ！

1サラダ油でクミンシードを炒め、香りを出す。

2粗みじん切りの野菜も炒め合わせ、調味する。

3野菜と炊いたあわ、香菜を混ぜ、8等分する。

4春巻きの皮を半分に切り、手前に具をのせて巻く。

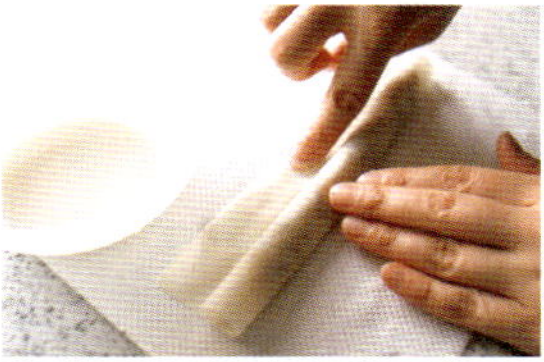

5巻き終わりは水溶き小麦粉でしっかりとめる。

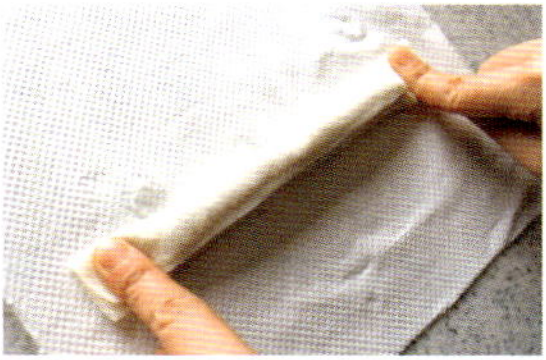

6左右の端も水溶き小麦粉でとめる。

雑穀はいろんな国の料理に使える！

ひえの海鮮チヂミ

おとなり韓国では、しばしば料理に雑穀類が使われていて、市場で目にする機会も多いように思います。そこで、ひえを韓国料理のチヂミに入れてみたところ、これがまたよく合うんです。

チヂミというと、日本のお好み焼きに比べて薄い仕上がりですが、ひえを入れると、ちょうどいい具合にボリューム感が出て、ちょっと得した気分。もともと作るのにあまり手間のかかる料理ではありませんから、小腹がすいたとき、ちょっとおつまみがほしいというときなど、簡単に作れて最適です。

どんな料理に入れても合わないことは珍しいのが雑穀です。美容に、健康に、さらにはダイエットにも効果的なので、フレンチだから、イタリアンだから、などと考えず、お好みの料理にどんどん使ってください。思いがけない、オリジナルの逸品料理ができるかもしれません。

ひえのモチモチ感は
日本人好み

作り方は次ページ

ひえの海鮮チヂミ

材料（2人分）

生地

ひえ（炊いたもの・16ページ参照）……………………100g

A
- 溶き卵……………1個分
- 強力粉…………………60g
- じゃが芋のすりおろし……………………½個分
- 水………………カップ½

万能ねぎ……½わ（60g）

赤ピーマン……………小1個

シーフードミックス（冷凍）…………………………100g

サラダ油…………………適量

たれ
- しょうゆ…………大さじ2
- 酢…………………大さじ2
- 松の実のみじん切り…少々

作り方

❶万能ねぎは3cm長さに切り、強力粉少々をまぶす（写真1）。赤ピーマンはへたと種を取り、細く輪切りに。

❷シーフードミックスは電子レンジで半解凍する。

❸生地を作る。ボウルにAを混ぜ、炊いたひえを加えて①の万能ねぎを混ぜる（写真2、3）。

❹フライパンにサラダ油大さじ2を熱し、生地の½量を流して広げる。最初は強火、すぐに弱火にし②の½量をのせ、赤ピーマンの½量も散らして焼く（写真4、5）。片面を5分焼き裏返し、鍋肌からサラダ油少々を足してさらに5分焼く。もう1枚も同様に焼き、食べやすく切る。

❺たれの材料を混ぜて、チヂミにつけて食べる。

★あわ、きび、そば米、アマランサス、キヌアでもＯＫ！

1切った万能ねぎに強力粉の一部を加え、さっくりと混ぜると、生地になじみやすい。

2卵に強力粉、すりおろしたじゃが芋、水、炊いたひえを混ぜ合わせる。

3強力粉をまぶした万能ねぎも混ぜ、生地を作る。

4フライパンにサラダ油を熱して生地を広げ、具をのせる。

5へらで押しつけるように焼く。焦げ目がついたら裏返して焼く。

ズッキーニのきびトマトソース詰め

材料（2人分）

きび（炊いたもの・16ページ参照）……………………100g
ズッキーニ ………………… 2本
トマトソース……………150g
生しいたけ ………………… 3個
オリーブ油 …………大さじ1
溶けるチーズ ……………60g
小麦粉………………………少々
塩、こしょう …………各少々
イタリアンパセリ ………適宜

作り方

❶ズッキーニは縦半分に切り、中身をスプーンでくりぬく。中身は粗みじん切りにしておく。
❷生しいたけは軸を取り、粗みじん切りにする。
❸フライパンにオリーブ油を熱して、ズッキーニとしいたけのみじん切りを炒め、しんなりしたらトマトソースを加えて少し煮つめ、塩、こしょうで調味し、炊いたきびに混ぜる。
❹ズッキーニのケースに小麦粉をふり、③を詰めて溶けるチーズを散らし、230℃のオーブンで10分焼く。あればイタリアンパセリを飾る。

★あわ、ひえでもＯＫ！

トマト味のきびとチーズで
ボリューム感満点

かぶのきび入りグラタン

材料（２人分）
きび（乾燥）……………60ｇ
かぶ…………………………４個
野菜スープ……カップ1½
生クリーム…………大さじ３
バジルペースト（市販）
……………………小さじ２
塩、こしょう…………各少々

作り方

❶きびは洗ってざるに上げておく。

❷かぶは茎の部分を少し残して葉を切り落とし、皮をむいて横に半分に切り、野菜スープとともに鍋に入れて竹串が通るまで柔らかく煮る。

❸かぶを取り出し、水を足して初めの野菜スープの量にし、ここへ洗ったきびを加えて、とろみが出るまで10分くらい煮る。

❹生クリームを加え、バジルペースト、塩、こしょうも加えて味を調える。

❺耐熱容器にかぶを並べ、④のクリームソースをかけて230℃のオーブンで７～８分焼く。オーブントースターなら15分くらい焼く。

★あわでもＯＫ！

とろりとリッチな
きび入りグラタン

ひえのコロッケ

材料（２人分）
ひえ（炊いたもの・16ページ参照）…………………200ｇ
玉ねぎ……………………½個
マッシュルーム…………３個
赤ピーマン………………¼個
ツナ水煮缶
……………小½缶（40ｇ）
大和芋のすりおろし
……………………大さじ２
サラダ油…………………少々
塩、こしょう、オレガノパウダー…………………各少々
小麦粉、溶き卵、パン粉
………………………各適量
揚げ油……………………適量

作り方

❶玉ねぎは皮をむき、マッシュルームは石づきを切り落とし、赤ピーマンはへたと種を取って、それぞれ粗みじん切りにする。

❷フライパンにサラダ油を熱し、①の野菜を炒め、塩、こしょう、オレガノで調味する。

❸炊いたひえが温かいうちに（冷たい場合は電子レンジで加熱する）、缶汁をきったツナ、大和芋、②の炒めた野菜を混ぜ、６等分する。

❹それぞれを俵形に丸め、小麦粉、溶き卵、パン粉の順に衣をつけて180℃の揚げ油できつね色に揚げる。

★あわ、きび、発芽玄米、玄米でもＯＫ！

初心者でも作りやすい
ライスコロッケ

きびの千草焼き

材料（2人分）

きび（炊いたもの・16ページ参照）……………………150g

ゆで竹の子……………………40g

にんじん……………………30g

きくらげ……………3～4枚

溶き卵……………………½個分

みそ……………………大さじ1

片栗粉……………………大さじ1

サラダ油……………………少々

作り方

❶竹の子と皮をむいたにんじんはせん切りにし、きくらげは水でもどして石づきを取り、せん切りにする。

❷溶き卵にみそと片栗粉を混ぜておく。

❸①のせん切り野菜に炊いたきびと、②の卵を加えて手でざっと混ぜ、4等分してそれぞれ長径5～6㎝の小判形に丸める。

❹フライパンを熱してサラダ油を入れ、③の生地を入れて片面をこんがり焼き、裏返してさらに焼く。

★あわ、ひえでもOK！

おやつにもおかずにもなる
野菜たっぷりのお焼き

れんこんのはさみ揚げ

材料（2人分）
あわ（炊いたもの・16ページ参照）……………………60g
れんこん（太いもの）…½節
大正えび（殻つき）….100g
しょうが汁………………少々
万能ねぎの小口切り……………………大さじ2
塩……………………小さじ⅓
こしょう………………少々
小麦粉…………………適量
揚げ油…………………適量
すだち…………………1個

作り方

❶れんこんは皮をむき、3～4㎜厚さのものを8枚用意する。

❷えびは背わたを抜いて殻をむき、包丁の背でたたきつぶし、粗みじん切りにする。ボウルに入れてしょうが汁、万能ねぎ、塩、こしょうを加え、手でよく混ぜる。炊いたあわも加えてさらに混ぜ、6等分する。

❸れんこんは1枚ずつ全体に小麦粉を薄くまぶし、4枚1組にして間に②のえびをはさんで重ね、さらに全体にも小麦粉を軽くまぶす。

❹揚げ油を初めは160℃に熱し、れんこんを入れて5～6分揚げ、最後は180℃にしてからりと揚げる。

❺すだちを半分に切って添え、絞って食べる。

★ひえ、きびでもＯＫ！

ひとつ食べれば
おなかいっぱいに

あわ大根

材料（２人分）
あわ（乾燥）……‥大さじ２
大根……………………10cm
帆立て貝柱の水煮（缶詰）
…………………………４個
大根の葉…………３～４本

┌だし汁…………カップ２
│酒、みりん……各大さじ１
│しょうゆ………小さじ⅓
└塩………………小さじ¾
ごま油……………………少々
塩…………………………適量

作り方

❶大根は５㎝厚さに切り、皮をむいて約10分ゆでる。

❷あわは洗ってざるに上げておく。

❸鍋にだし汁と酒、みりん、しょうゆ、塩を合わせて煮立て、大根を入れて柔らかくなるまで落としぶたをして煮る。落としぶたのないときは、アルミホイルで丸く作るとよい。ここへほぐした帆立て貝柱とあわを加え、弱火で10分煮る。

❹鍋に湯を沸騰させ、塩少々を加えて大根の葉をさっとゆで、水けを絞って小口切りにし、ごま油を熱したフライパンでいりつけて塩少々をふる。

❺③のあわ大根を器に盛り、大根の葉をのせる。

★きびでもＯＫ！

あわのとろみが
深い味わいを生む

きび入りパンケーキ

材料（2人分）

きび（炊いたもの・16ページ参照）……120g
長芋……250g
卵……2個
万能ねぎ……5〜6本
塩、こしょう……各少々
サラダ油……適量

トッピング

A
ベーコン……2枚
ルッコラ……5〜6枚

B
白菜キムチ……50g
桜えび……大さじ1

C
白す干し……大さじ2
三つ葉……4本

作り方

❶長芋はすりおろし、万能ねぎはみじん切りにする。
❷長芋に卵を混ぜ、万能ねぎ、炊いたきびを加えてよく混ぜ、塩、こしょうで味を調える。
❸フライパンを熱してサラダ油少々を熱し、②の$\frac{1}{6}$量を流し入れ、5〜6㎜厚さくらいに広げてこんがり焦げ目がつくまで両面を焼く。同様に残りの生地も焼いて、6枚作る。
❹Aのベーコンは1枚を2つ〜3つに切ってフライパンでカリカリに焼き、ルッコラと一緒にトッピングする。Bのキムチはざく切りにし、桜えびと。Cの三つ葉はざく切りにし、白す干しとトッピングする。

★あわ、発芽玄米、玄米でもOK！

3 種類のトッピングで
楽しむパンケーキ

たかきびのみそ炒め

材料（２人分）

たかきび（炊いたもの・下記参照）……100ｇ
ごぼう……5㎝
れんこん……5㎝
しょうがのみじん切り…少々
レタス……7～8枚
ごま油……少々
A
- 甜麺醤《テンメンジャン》……大さじ1
- みそ……大さじ½
- 豆板醤《トウバンジャン》……小さじ½
- 酒……大さじ2

赤唐辛子……適量

作り方

❶ごぼうは皮をこそげ、れんこんは皮をむいてよく洗い、5㎜角に切る。

❷鍋にごま油を熱してしょうがを炒め、香りが出たらごぼう、れんこんを炒め、たかきびを加えて炒める。

❸Aを混ぜ合わせ、②に加えて水分がなくなるまで炒め煮する。レタスの上にのせ、赤唐辛子を飾る。

★そば米でもＯＫ！

たかきびの炊き方

材料

たかきび…カップ1（200cc）
水…たかきびの9割（180cc）
塩……少々

作り方

①たかきびは水でよく洗い、水が透明になったら、たっぷりの水に一晩浸す。
②水けをきり、厚手鍋にたかきび、水、塩を加える。
③ふたをして初めは強火、煮立ったらごく弱火にして20分炊き、10分蒸らす。
④さっくりと混ぜる。

ピリ辛で
お酒の肴にも

アマランサスとひよこ豆のトマト煮

材料（2人分）
アマランサス（乾燥）…30g
にんにく……………………1かけ
玉ねぎ……………………¼個
オリーブ油…………大さじ1
トマトソース（缶詰）
……………………カップ1
ひよこ豆水煮缶…………150g
塩、こしょう…………各少々

作り方

❶アマランサスは洗っておく。にんにく、玉ねぎはみじん切りにする。

❷フライパンにオリーブ油を熱してにんにくを炒め、香りが出たら玉ねぎを炒める。

❸トマトソースと水カップ¾、ひよこ豆、アマランサスを入れ、塩、こしょうで調味する。ふたをして煮立ったら弱火にし、水けがなくなりアマランサスが柔らかくなるまで20分煮る。

★あわ、ひえ、きびでもＯＫ！

にんにく風味が
つぶつぶの食感と合う

雑穀雑学

雑穀は美容にいいってホント?

精白米と雑穀を見比べてみると、雑穀はほんのり色づいているのがわかります。これは種皮の色。玄米を精白して種皮を取り除いたものが、真っ白な白米です。実はその種皮にポリフェノールが含まれているのです。この物質には抗酸化作用があり、体の細胞を若々しく保ってくれます。また、紫外線などによって皮膚が傷むとシミやシワの原因になりますが、皮膚の細胞を守る効果もあります。

さらに雑穀には、ビタミンBやE、ミネラル成分も含まれており、細胞の抗酸化にはたらき、新陳代謝をよくしてくれますし、ピンク色の肌を保つうえで欠かせない鉄も、多く含まれているのです。

そして、食物繊維の整腸作用が、美肌のみならず良好な健康状態を維持するうえで重要な役割をはたしてくれます。これは美肌・美容のためにサプリメントを摂取しているようなもの。ですから雑穀は効果的な美容食といえるのです。

雑穀で
美白
サラダ

盛りつけを工夫しておしゃれなサラダに

型抜きひえの野菜のせサラダ

ゆでたり炊いたりした雑穀を、野菜と一緒にドレッシングやマヨネーズであえてライスサラダ風にするのも、意外に相性のよい食べ方です。ドレッシングは、お好みのものでも大丈夫。サラダなら、調理の仕方というより食材の組み合わせがレシピのようなものですから、自分なりにアレンジしたオリジナル料理も簡単にできてしまいます。

また、サラダで大切なのが盛りつけです。ワンプレートに盛ってカフェ風にしたり、食べる人が好みの素材を選ぶビュッフェ風、あるいは、パンにのせてオープンサンド風にもできます。鮮やかな赤・黄・緑の野菜をまとえば、見た目もおいしく食欲をそそります。

野菜のビタミンCと一緒にとることで、理想的な栄養バランスになるだけでなく、生野菜だけを食べるより、体を冷やさないというメリットも生まれます。

見た目もおいしい
おしゃれなサラダ

作り方は次ページ

型抜きひえの野菜のせサラダ

材料（２人分）
ひえ（乾燥）……………80g
赤ピーマン………………⅛個
ピーマン…………………⅛個
にんじん………………… 2 cm
スモークサーモン……… 4 枚
ミックスリーフ（レタス、チコリ、ルッコラなど）
…………………………100g
ブロッコリースプラウト
……………………… 1 パック
フレンチドレッシング（市販）………………大さじ 4
オリーブ油………………少々
塩…………………………少々

作り方

❶赤ピーマン、ピーマンはへたと種を取ってみじん切りにする。にんじんも皮をむいてみじん切りに。

❷ひえはよく洗い、たっぷりの熱湯にオリーブ油と塩を入れて５分ほどゆで、ゆで上がる直前に①の野菜を加えて（写真１）ざるに上げる。

❸②が熱いうちにドレッシング大さじ２をかけて、全体を混ぜ合わせる（写真２）。

❹アルミホイルを25×15cmくらいに切り、折りたたんで５cm幅くらいの帯状にし、これを直径７〜８cmの輪にして、端はセロファンテープなどでとめておく。

❺皿に④のホイルの型を置き、③の½量を押すように詰めて（写真３、４）、型をはずす。

❻⑤の上にスモークサーモン、ミックスリーフの½量を形よくのせてスプラウトの½量を飾り、上からドレッシングを回しかける。残りも同様に作る。

★あわ、きび、キヌア、アマランサス、押し麦、そば米でもＯＫ！

1 ひえをゆでて、ピーマン、にんじんも加えてゆで上げる。

2 熱いうちにドレッシングをかけ、混ぜ合わせる。

3 アルミホイルで型を作り、野菜入りひえの½量を入れる。

4 スプーンなどで軽く押すようにして詰め、平らに整える。

※アルミホイルの代わりに、セルクルでもよい。

雑穀ミックスとえびのアボカドカップサラダ

材料（2人分）

雑穀ミックス（乾燥）……………………大さじ1⅓

大正えび（殻つき）……6尾

香　菜《シャンツァイ》……………………… 2本

アボカド…………………… 1個

フレンチドレッシング（市販）………………大さじ2

レモン汁………………½個分

タバスコ…………………少々

塩、こしょう…………各少々

作り方

❶雑穀はたっぷりの熱湯に塩を加えて7〜8分ゆで、水けをきる。

❷えびは背わたを抜き、ゆでて尾を残して殻をむき、雑穀とともにフレンチドレッシング大さじ1であえる。

❸香菜は葉先をつまんでおく。

❹アボカドは縦半分に切って種を取り出し、果肉は1cm厚さくらい残してくりぬき、果肉とカップの両方にレモン汁をふりかける。果肉は食べやすく切り、残りのドレッシングとタバスコ、こしょうを加え、つぶさないようにあえる。

❺②とアボカドの果肉を軽く混ぜてアボカドカップに盛り、香菜を飾る。

メモ　雑穀は1種類でもよい。

★あわ、ひえ、きび、キヌア、アマランサス、押し麦、そば米でもOK！

アボカドカップで
おもてなしにも

あわとひじきのサラダ

材料（２人分）

あわ（炊いたもの・16ページ参照）……………………100g

赤ピーマン……………………１個

根三つ葉……………………$\frac{1}{3}$わ

ひじき（乾燥）…………５g

ドレッシング

- オリーブ油………大さじ１
- 梅酢…………………小さじ２
- しょうゆ…………小さじ２

作り方

❶赤ピーマンはへたと種を除き、細切りにする。根三つ葉は根元を切り落とし、さっとゆでて２～３㎝長さに切っておく。

❷ひじきはさっと洗い、たっぷりの熱湯で柔らかくなるまで６～７分ゆで、水けをきる。

❸ドレッシングの調味料を合わせる。

❹ひじきが温かいうちに、ドレッシングの$\frac{1}{2}$量をからめる。

❺ボウルに赤ピーマン、根三つ葉、温かいあわを入れ、残りのドレッシングを混ぜ、ひじきも合わせる。

★きび、ひえでもＯＫ！

つぶつぶのあわで
食感も楽しめる

ひえと野菜の盛り合わせサラダ

材料（2人分）

- ひえ（乾燥）……大さじ2
- 赤ピーマン……1個
- セロリ……1本
- レタス……2枚
- ルッコラ……1パック
- オリーブ油……小さじ1
- 塩……少々
- ドレッシング
  - オリーブ油……大さじ3
  - バルサミコ酢……大さじ2
  - 塩……小さじ½
  - こしょう……少々

作り方

❶赤ピーマンはへたと種を除き、セロリは筋を取り、それぞれせん切りにする。

❷レタスはせん切りにし、水につけてパリッとさせ、水けをきっておく。ルッコラも水にはなす。

❸ドレッシングの調味料を混ぜる。

❹ひえはオリーブ油と塩を入れた熱湯で5～6分ゆでてざるに上げ、水けをきって③のドレッシング大さじ1をかけておく。

❺器に水けをきった野菜とひえを彩りよく盛り合わせて、ドレッシングを添える。

★あわ、きび、キヌア、アマランサス、押し麦、そば米でもＯＫ！

素材の相性がいいから
手間いらず

焼ききびとレタスの重ねサラダ

材料（２人分）

きび（炊いたもの・16ページ参照）……………………150ｇ

レタス……………………………４枚

長ねぎ……………………………⅓本

しょうが…………………………½かけ

香　菜《シャンツァイ》……………………………少々

塩、こしょう……………………各少々

ごま油……………………………適量

ドレッシング

- 酢…………………………大さじ½
- しょうゆ…………………小さじ１
- ナンプラー………………小さじ１
- 砂糖………………………小さじ¼
- 水…………………………大さじ１
- 赤唐辛子の小口切り……少々

作り方

❶レタスは洗って食べやすい大きさにちぎっておく。長ねぎはせん切りにして水にはなす。しょうがも皮をむいてせん切りに。

❷きびは４等分し、手で１cm厚さくらいの楕円《だえん》形にまとめて塩、こしょうをふり、ごま油を熱したフライパンに入れて両面をこんがりと焼く。

❸器にきびとレタスを交互に重ね、上に水けをふいた長ねぎとしょうがをのせる。

❹ドレッシングの調味料を合わせて③に回しかけ、ごま油少々もふりかけて香菜を飾る。

★あわ、玄米、発芽玄米でもＯＫ！

ナンプラー風味の
ひと味違うドレッシング

あわの巻きサラダ

材料（2人分）

あわ（炊いたもの・16ページ参照）……………………120g

A
- しょうゆ ………大さじ½
- 砂糖 ……………小さじ1
- 酢 ………………小さじ1
- ごま油 …………小さじ1

グリーンアスパラガス…6本

にんじん ……………………½本

包み菜（サンチュ）……適量

かに缶 ………小1缶（95g）

マヨネーズ …………大さじ1

塩 ……………………………適量

こしょう ……………………少々

作り方

❶アスパラガスは根元のかたい部分を切り、塩少々を入れた熱湯でさっとゆでて2つに切る。にんじんも皮をむいて棒状に切り、同じ鍋でさっとゆでて水けをきる。

❷かには缶汁をきり、ほぐしてマヨネーズと塩少々、こしょうを混ぜる。

❸炊いたあわは温かいうちにAを回しかける。

❹包み菜の上に②のかにをのせ、アスパラガス、にんじん、あわをのせてくるりと巻いて食べる。

★きびでもOK！

新鮮野菜を
個性的にアレンジ

赤米と生ハムのサラダ

材料（3～4人分）
赤米……米カップ1（180cc）
米……米カップ1（180cc）
生ハム……6枚
ルッコラ……$\frac{1}{2}$パック
チコリ……6枚
フレンチドレッシング（市販）……大さじ2

作り方

❶赤米は洗って水に3～4時間つけ、洗った米とともに炊飯器で同量より少なめの水かげんで炊く。このうち120gを使い、フレンチドレッシングであえる。

❷チコリの上に①のご飯をのせ、生ハムとルッコラを飾る。

★黒米、発芽玄米、雑穀ミックスでもＯＫ！

チコリにのせて
手でつまめるサラダ

ひえとトマトのヨーグルトサラダ

材料（２人分）
ひえ（乾燥）……大さじ１⅓
トマト……………………２個
プレーンヨーグルト…カップ１
ミントのみじん切り
……………………小さじ１
塩…………………………適量
こしょう…………………少々
飾り用ミント……………適宜

作り方

❶ひえはたっぷりの熱湯に塩少々を加えて５分ゆで、水けをきっておく。

❷トマトはへたを取り、皮をむいて粗く切る。

❸ヨーグルトはコーヒーのドリップ用ペーパーに入れ、しばらくおいて水分を少し抜く。水分が減りすぎるとかたくなるので注意。

❹ボウルに③のヨーグルトとひえ、ミントのみじん切りを加え、塩少々、こしょうで調味し、トマトを加えて混ぜ、器に盛ってミントの葉を飾る。

★あわ、きび、キヌア、アマランサスでもＯＫ！

ヨーグルトが
おいしいディップに

焼きあわシートのサラダ

材料（２人分）
あわ（炊いたもの・16ページ参照）……………………50ｇ
生しいたけ ………………３個
好みの野菜（サニーレタス、トレビス、ルッコラなど）…………………………120ｇ
パルメザンチーズ（かたまり）……………………30ｇ
オリーブ油 ………………適量
塩、こしょう …………各少々
ドレッシング
　オリーブ油 ………大さじ２
　バルサミコ酢 ……大さじ１
　塩、こしょう ………各少々

作り方
❶あわはひとまとめにしてラップではさみ、めん棒で５㎜厚さにのばす。
❷パルメザンチーズは、チーズカッターで薄切りにしておく。ドレッシングの調味料を混ぜる。
❸しいたけは石づきを除いて四つ切りにし、フライパンにオリーブ油を熱して炒め、塩、こしょうをふる。
❹フライパンにオリーブ油をひき、適当にちぎったあわを両面がカリッとするまでこんがりと焼く。
❺器に好みの野菜を敷き、しいたけ、焼きあわを盛り合わせ、ドレッシングをかけてパルメザンチーズを散らす。
★きび、発芽玄米、玄米でもＯＫ！

パリッとした
口当たりがおいしい

雑穀雑学

雑穀はアレルギーを治すの？

近年、アトピー性皮膚炎や喘息《ぜんそく》、あるいは花粉症などのアレルギー症状に悩んでいる方は増加傾向にあるようです。

こうしたアレルギー症状というのは、体内の免疫バランスが乱れることで起こることが多いもの。なんらかの原因で乱れたのであれば、雑穀に多く含まれる食物繊維の整腸作用によって体内の善玉菌を増やし、免疫バランスを整えることで、アレルゲンの侵入そのものを防ぐことができます。

また、ポリフェノールの抗酸化作用には、炎症を抑えるはたらきもあります。仮にアレルギー症を発症してしまった場合でも、症状そのものを軽減する効果があるのです。

ただし、そば米のようにそれ自体がアレルゲンとなってしまう食品もありますから、そばアレルギーのある方は注意が必要です。

1章 2章 3章 4章 5章 6章

体がよろこぶ

雑穀デザート

ひえのココナッツミルク煮

材料（２人分）
ひえ（乾燥）……………80ｇ
A ┌ココナッツミルク（缶詰）…………カップ２
　│砂糖……………………60ｇ
　└水………………カップ¼
生クリーム…………カップ¼
フルーツ類（メロン、パパイヤ、マンゴーなど）…適量

作り方

❶ひえは洗ってざるに上げ、水けをきる。

❷鍋にＡを入れて火にかけ、砂糖が溶けたらひえを加える。

❸煮立ったら弱火にし、ひえが柔らかくなるまで10分くらい煮る。

❹生クリームを加えて火を止め、鍋が冷めたらそのまま冷蔵庫で冷やしておく。

❺フルーツはそれぞれ皮をむき、くりぬき器で丸い形にくりぬく。

❻器に④を盛り、⑤を飾る。

★あわ、きびでもＯＫ！

まろやかなコクが
南国フルーツにマッチ

ひえとベリーのパルフェ

材料（２人分）
ひえ（乾燥）……大さじ２⅔
トロピカルジュース（パイナップル、パッションフルーツなど）………カップ１½
クリーム
┌生クリーム………カップ½
└砂糖………………大さじ２
ベリー類（ラズベリー、ブルーベリーなどを合わせて）
…………………………100g
ミント……………………適宜

作り方

❶ひえは洗ってざるに上げ、水けをきる。

❷鍋にジュースを入れて火にかけ、沸騰したらひえを加え、ときどき混ぜながら10分くらい煮る。

❸ひえがとろとろになったら火を止め、冷めたら冷蔵庫で冷やしておく。

❹ボウルに生クリームと砂糖を入れ、氷水を当てて泡立て器で五分立てにする。

❺冷えたグラスに③のひえ、④のクリーム、ベリー類の順に交互に上まで詰め、あればミントを飾る。

★きびでもＯＫ！

鮮やかベリーで
香りもさわやか

あわのヨーグルトデザート

材料（2人分）

あわ（乾燥）……………大さじ1

プレーンヨーグルト……200g

砂糖……………………………20g

洋酒（ブランデーまたはラム酒）……………………大さじ1

フルーツシリアル…………適宜

塩……………………………少々

作り方

❶あわはたっぷりの水に塩を加えて5分ゆで、水けをきる。

❷ヨーグルトはコーヒーのドリップ用ペーパーに入れ、しばらくおいて水けをきってボウルに移し、砂糖と洋酒、あわを加えて混ぜる。

❸グラスに②を入れ、フルーツシリアルをのせる。

★きびでもＯＫ！

ほんのり洋酒が香る
大人味のデザート

あわ入りジャスミンティー寒天

材料（２人分）
あわ（乾燥）……大さじ$2\frac{2}{3}$
┌ジャスミン茶葉…大さじ１
└熱湯………………カップ３
粉寒天……………………４ g
砂糖……………………100 g
塩………………………少々

作り方

❶ポットにジャスミン茶葉と熱湯を入れてボウルなどにお茶を出し、そのまま冷ましておく。

❷鍋にたっぷりの水とあわ、塩を入れて火にかける。５〜６分ゆでてざるに上げ、水で洗って粘りを除き、水けをきる。

❸鍋に①のジャスミン茶カップ$2\frac{1}{2}$と粉寒天を入れて火にかける。

❹沸騰したら砂糖を加え、ときどき混ぜながら５分くらい煮て寒天を溶かす。

❺完全に溶けたら、鍋底を氷水をはったボウルにつけて冷やしながら木じゃくしなどで混ぜる。寒天にとろみがついたら手早く②のあわを加え、鍋底をこすりながら全体を混ぜる。

❻⑤を水でぬらした弁当箱などの保存容器に注ぎ、粗熱がとれたら冷蔵庫で冷やし固める。好みの大きさに切って、器に盛る。

★ひえ、きびでもＯＫ！

プチプチあわを
ジャスミンの香りで包む

あわぜんざい

材料（２人分）

- あわ（乾燥）…………150ｇ
- 砂糖………………小さじ１
- こしあん（市販）……120ｇ
- 水………………大さじ１⅔
- 干し柿……………………½個
- 松の実………………大さじ１

作り方

❶あわは16～17ページを参照し、砂糖を加えて普通に炊く。

❷鍋にこしあんを入れて水を加えながらのばし、火にかけて少し柔らかめになるまで練る。

❸干し柿は粗みじん切りにする。

❹器に②のあんと①のあわを盛り、干し柿と松の実を散らす。

★きびでもＯＫ！

雅やかな
やさしい食感

ミニおはぎ

材料（10個分）

- きび（乾燥）……………150g
- 塩…………………………少々

こしあん（市販）………150g

きな粉衣

- きな粉……………大さじ3
- シナモンパウダー…小さじ1
- 砂糖………………大さじ1
- 塩…………………1つまみ

黒ごま衣

- すり黒ごま………大さじ3
- 砂糖………………大さじ1
- 塩…………………1つまみ

くこの実……………5粒

作り方

❶きびは16〜17ページを参照し、塩を加えて炊き、10等分する。

❷こしあんは10等分してそれぞれ丸める。

❸きな粉衣、黒ごま衣の材料は、それぞれ混ぜ合わせる。

❹ラップにきびを丸く広げて中央に②のこしあんを置き、ラップで包んで丸くまとめる。これを10個作る。

❺④の半量に③のきな粉衣、残り半量に黒ごま衣をそれぞれまぶしつけ、黒ごまをまぶしたものには、くこの実を飾る。

★あわでもＯＫ！

きな粉と黒ごま風味の
素朴な味わい

焼きりんごのあわ詰め

材料（2人分）

あわ（乾燥）……………50g

りんご（あれば紅玉）…2個

A ┌バター………………10g
　 └砂糖…………………10g

くるみ…………………20g

りんごジュース（市販）
　………………カップ1¼

砂糖………………大さじ1

シナモンパウダー………少々

シナモンスティック……2本

作り方

❶りんごは縦半分に切って芯をくりぬく。くるみは粗く刻む。

❷りんごにAをのせ、230℃に熱したオーブンに入れ、ときどきりんごから出る汁をかけながら15分焼く。

❸鍋にあわとりんごジュース、砂糖を入れて火にかける。沸騰したら弱火にし、あわが鍋底につかないようにときどき混ぜながら、10分煮る。

❹②が焼けたら器に盛り、くりぬいた部分に③のあわを詰め、くるみをのせてシナモンパウダーをふり、シナモンスティックを添える。

メモ　りんごジュースに入れる砂糖は、ジュースの甘みを見てかげんする。

★きびでもＯＫ！

あわでとろ〜りまろやか
冬の人気デザート

きび入りスコーン

材料（7～8個分）
きび（炊いたもの・16ページ参照）……………………80g
強力粉、薄力粉………各100g
ベーキングパウダー…大さじ1
バター（食塩不使用）…50g
卵………………………………小1個
サワークリーム……カップ¼
牛乳…………………カップ¼
砂糖…………………………40g
サワークリーム、好みのジャム……………………各適量
打ち粉用強力粉…………適量

作り方

❶強力粉、薄力粉、ベーキングパウダーは合わせてボウルにふるう。

❷バターは細かく切り、冷蔵庫で冷やしておく。

❸別のボウルに卵、サワークリーム、牛乳を混ぜ、次に砂糖、きびの順に加えてよく混ぜる。

❹①のボウルに冷えた②のバターを入れ、手でもむようにしながら混ぜる。さらさらになったら③を少量ずつ加えながら、手でさっくり混ぜる。

❺台の上に打ち粉をふって④の生地を置き、打ち粉をふっためん棒で1.5～2㎝厚さにのばし、打ち粉をふった丸い形の抜き型で抜く。

❻オーブンシートを敷いた天パンに⑤を並べ、220℃に熱したオーブンで7～8分焼き、さらに180℃に下げて7～8分焼く。

❼サワークリームやジャムを添える。

★あわ、ひえでもＯＫ！

きびを加えたスコーンは
軽食にぴったり

雑穀雑学

雑穀は外国ではどのように食べられているの？

世界で主食とされている三大穀物は、米、小麦、とうもろこしですが、実は雑穀もさまざまなかたちで食されています。

例えば、ヨーロッパや中央アジアでは、お菓子やミルク煮、スープなどに、きびが広く使用されていますし、インドではお粥やパンに使います。東南アジアではきびの代わりにあわが多く使われ、中国や台湾でも餅菓子やお粥に使われています。また、東アジアではひえをビールや酒の原料としても使用し、アフリカ諸国ではとうもろこしなどが酒の原料になります。また、ロシアなどでもそば米がお粥として食べられています。

日本では、稲作が始まる以前の縄文時代からあわが栽培され、当時は主食とされていました。日本人にとって雑穀類は身近な存在で、『桃太郎』で有名な「きびだんご」や、民謡の「稗搗節《ひえつきぶし》」など、民話や歌にもたびたび登場しています。

雑穀でつくる
たれ&ドレッシング

どんな料理にも合うからとっても便利

ここまでで、雑穀を利用した料理をいろいろご紹介してきました。最後に、雑穀を使ったたれやソース、ドレッシングをご紹介します。

雑穀のなかでも使いやすいあわ、ひえ、きび、そば米などを使ったたれは、みそやしょうゆなどのベースの調味料とよく調和し、ぷつぷつとした歯ごたえも加わるので、淡白な野菜や豆腐、海藻の料理にかけたりあえたりするとボリュームが出て、ご飯にぴったりのおかずに仕上がります。

最近では、健康によい食生活とは「献立に占める主食の穀類の割合を50％くらいにすること」といわれていますが、こうした食生活は単調になりがちです。雑穀入りのたれを使うことで、穀類50％の献立にバリエーションが広がります。

＊

ひと粒ひと粒に芽があり、命を秘めている雑穀。常に身近に置いて、いろいろな料理に使っていただきたいと思います。

雑穀のみそだれ

材料（作りやすい分量）

炊いた雑穀（あわ、ひえ、きび、そば米など）……100g
麦みそ……………………50g
みりん（または酒）…大さじ1

作り方

ボウルに全部の材料を入れてよく混ぜる。好みで粉唐辛子、ゆずの皮のみじん切り、しょうがのすりおろし、刻んだ青ねぎなどを加えてもよい。

使い方

スティック野菜や湯豆腐、ふろふき大根、ゆでたかぶなどに添える。

雑穀の香味だれ

材料（作りやすい分量）

炊いた雑穀（あわ、ひえ、きび、そば米など）……100g
しょうゆ…………大さじ1
梅酢、ゆず酢（市販）…………………各大さじ1
オリーブ油………大さじ1

作り方

ボウルに全部の材料を入れてよく混ぜる。

使い方

生野菜やほうれんそうのお浸し、湯通しした海藻などをあえる。

ゆずこしょうドレッシング

材料
ゆでたあわ(またはひえ、きび)…………大さじ2〜3
サラダ油…………カップ½
米酢…………大さじ4
ゆずこしょう…小さじ½〜1
薄口しょうゆ……大さじ½
塩…………小さじ⅓

作り方
全部の材料をよく混ぜる。

にんじん入りドレッシング

材料
ゆでたあわ(またはひえ、きび)…………大さじ2〜3
サラダ油…………カップ½
米酢…………大さじ4
にんじんのみじん切り…………大さじ1
パセリのみじん切り…大さじ1
塩…………小さじ½
こしょう…………少々

作り方
全部の材料をよく混ぜる。

イタリアンドレッシング

材料

ゆでたあわ(またはひえ、きび)…………大さじ2〜3
オリーブ油…………カップ½
米酢…………大さじ4
アンチョビのみじん切り…………1枚分
ドライトマトのみじん切り…………2枚分
塩…………小さじ½
こしょう…………少々
バジル(ドライ)…………少々

作り方

全部の材料をよく混ぜる。

使い方

魚介類、ゆで野菜、生野菜などのドレッシングとして。野菜と一緒にパスタやそばとあえてもおいしい。

中華風ドレッシング

材料

ゆでたあわ(またはひえ、きび)…………大さじ2～3
サラダ油…………大さじ4
ごま油…………大さじ2
しょうゆ…………大さじ4
酢…………大さじ4
砂糖…………小さじ1
しょうがのすりおろし…………大さじ2
ラー油…………少々

作り方

全部の材料をよく混ぜる。

使い方

春雨のサラダや、焼きなすにかけてもよい。

きび入りトマトソース

材料(作りやすい分量)

炊いたきび(またはあわ)
……………………カップ1

トマトソース(缶詰)…カップ1

塩、こしょう …………各少々

作り方

きびは温かいうちにトマトソースを加えて混ぜ、塩、こしょうで味を調える。バジルの葉をちぎったものや、ドライハーブのバジル、オレガノなどを加えてもよい。

使い方

パンに塗ってチーズをのせて焼いたり、耐熱皿にゆでた野菜や魚をのせてソースをかけ、オリーブ油少々をふってオーブンで焼く。なすやズッキーニ、ピーマンに詰めて焼いてもよい。

きび入り豆乳ソース

材料(作りやすい分量)

きび(またはあわ) ………30g

野菜スープ …………カップ1

豆乳ソース

- 玉ねぎのみじん切り…⅓個分
- 豆乳(または牛乳)
……………カップ1½
- 小麦粉 …………大さじ1強
- オリーブ油 ……大さじ1強
- ベイリーフ ……………1枚

塩、こしょう …………各少々

作り方

❶きびはよく洗い、野菜スープで6〜7分煮ておく。

❷豆乳ソースはオリーブ油で玉ねぎをよく炒め、小麦粉を加え炒めて豆乳とベイリーフを加え、とろみが出るまで煮る。

❸①と②を混ぜ合わせ、塩、こしょうで味を調える。

使い方

グラタンやクリームシチュー、パスタのクリームソースなどに。

本書は、小社より2003年1月に刊行された『あわ・ひえ・きび3日で美肌ごはん』を改題し、文庫収録にあたって加筆・再編集したオリジナル版です。

参考資料

『雑穀アドバイザー講座テキスト』（日本雑穀協会）
『新・食品事典　穀物・豆』（真珠書院）

滝田美智子―東京都に生まれる。料理研究家、ナチュラルフード・コーディネーター。自然食普及運動にかかわった母のもとで、自然食の研究にたずさわる。「自然との調和」をテーマにしながら、おしゃれで楽しく、健康を増進させる料理を提案している。クシマクロビオティックアカデミィや東京ガスキッチンランドなどで料理教室の講師を務めるかたわら、ホテルなどで料理のコーディネート及び商品開発なども手がけている。
著書には『体の毒を出してキレイになる！ デトックスクッキング』（グラフ社）、『あわ・ひえ・きび　3日で美肌ごはん』（講談社）などがある。

講談社＋α文庫 滝《たき》田《た》美《み》智《ち》子《こ》のラクうま雑穀《ざつこく》ごはん

滝《たき》田《た》美《み》智《ち》子《こ》

2008年4月20日第1刷発行

発行者――野間佐和子
発行所――株式会社 講談社
東京都文京区音羽2-12-21 〒112-8001
電話 出版部(03)5395-3527
販売部(03)5395-5817
業務部(03)5395-3615

写真――本社写真部
デザイン――鈴木成一デザイン室
扉デザイン――本多晋介（SWAN）
本文・カバー印刷――凸版印刷株式会社
製本――株式会社国宝社

落丁本・乱丁本は購入書店名を明記のうえ、小社業務部あてにお送りください。
送料は小社負担にてお取り替えします。
なお、この本の内容についてのお問い合わせは
生活文化第一出版部あてにお願いいたします。
Printed in Japan ISBN978-4-06-281192-7
定価はカバーに表示してあります。